¡Fiesta!

Mary Ann Hoffman

Traducción al español: José María Obregón

LECTURAS DEL BARRIO

Rosen Classroom Books & Materials™
New York

Ana le pega a la piñata.

Mamá le pega a la piñata.

Papá le pega a la piñata.

María le pega a la piñata.

Tomás le pega a la piñata.

Violeta le pega a la piñata.

¡Pablo rompe la piñata!

Palabras clave

pegar
(la) piñata
romper

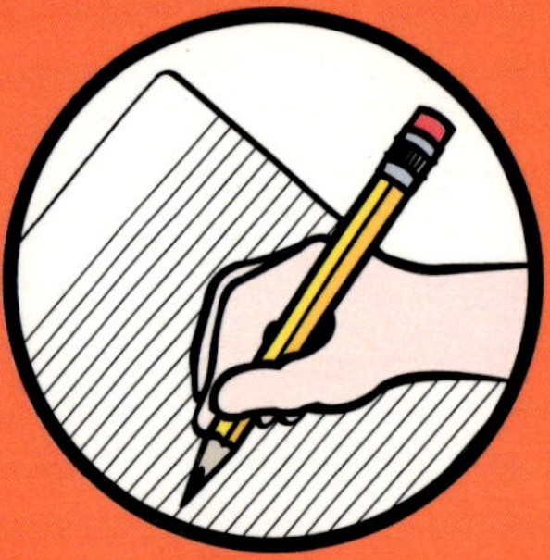

Narrativa
Narrative

LECTURAS DEL BARRIO

Rosen Classroom Books & Materials™

9 781404 265806

ISBN: 1-4042-6580-5
6-pack ISBN: 1-4042-6581-3